HABLEMOS DE FANTASÍAS SEXUALES Y DESEOS

Preguntas e Iniciadores de Conversación para Parejas Explorando Sus Intereses Sexuales

¿Qué te prende *a ti*?

J.R. James

Serie Más Allá de las Sábanas

Libros 1

Copyright © 2019 J.R. James

Todos los derechos reservados.

ISBN: 978-1-952328-22-0

AGRADECIMIENTOS

Me gustaría dar las gracias de todo corazón a nuestros fanáticos. La abrumadora popularidad de la serie *Hablemos de...* de libros de preguntas sexys ha sido increíble, y su éxito se lo debemos a ustedes, los lectores que desean tener más "sexy" en sus vidas. Muchas gracias. Que las conversaciones eróticas con sus cónyuges, parejas, amantes y amigos amplíen sus horizontes sexuales y esto los acerque más.

Enciende todavía más tu vida amorosa y explora todos los libros para parejas de J.R. James:

Libros de juegos sexis para parejas

¿Verdad o reto? Un juego sexi de elecciones traviesas (Edición caliente y salvaje).

Libros - Charlas atrevidas para parejas

Hablemos sexy: Iniciadores de conversación esenciales para explorar los deseos secretos de tu amante y transformar tu vida sexual.

Los **TRES** libros de preguntas sexis de *Hablemos de...* en un volumen enorme por un precio reducido. ¡Ahorra ya!

Hablemos de fantasías sexuales y deseos: Preguntas e iniciadores de conversación para parejas que explorar sus intereses sexuales.

Hablemos de la no-monogamia: Preguntas e iniciadores de conversación para parejas que exploran las relaciones abiertas, el intercambio de parejas o el poliamor.

Hablemos de fetiches y manías sexuales: preguntas e iniciadores de conversación para parejas que exploran su lado perverso y salvaje.

¡Cambia tu vida sexual para siempre a través del poder de la diversión sexi con tu cónyuge, pareja o amante!

Vacaciones sexis para parejas
https://geni.us/Passion

Sobre Qué Es Este Libro

Hace varios veranos, mi esposa y yo hicimos un viaje a través del país. Mientras conducíamos por las colinas y las llanuras doradas del Medio Oeste, hicimos lo que cualquier pareja normal puede hacer en un viaje por carretera juntos. Hablamos, escuchamos música y jugamos juegos aleatorios para pasar el tiempo. Al prepararnos para nuestro largo viaje, compré un "libro de preguntas" para parejas. Mientras nos turnábamos el volante, nos divertimos con las preguntas que el libro ofrecía.

En una de las páginas, había unas cuantas preguntas sexys del tipo "¿Considerarías…?" Mi esposa era la que conducía, así que era mi turno de preguntar. Mientras leía la página mi corazón se aceleró. Una de las preguntas era una enorme fantasía sexual mía. Por alguna razón, era algo con lo que nunca me había sentido cómodo de compartir con ella, pero ahí estaba mi oportunidad de preguntarle lo que pensaba al respecto. ¿La mejor parte? ¡No era realmente *yo* quien hacía la pregunta, era el *libro*! Nunca olvidaré la sensación eléctrica que sentí cuando

pensó la pregunta por un momento y luego respondió,
"Sí, podría estar abierta a eso."

Esa respuesta dio inicio a lo que yo considero la
conversación más caliente y erótica que he tenido en mi
vida. Habíamos estado juntos aproximadamente ocho
años y, aun así, se sintió como si estuviera descubriendo
su presencia sexual por primera vez. Esa tarde en el auto
se quedará para siempre conmigo. Mi pulso todavía se
acelera cada que lo recuerdo. Esta conversación tan
sexualmente cargada nos llevó a muchas aventuras y
discusiones asombrosas en los años que han pasado.

La experiencia me hizo notar que a menudo
"reprimimos" nuestras fantasías secretas, deseos o
pasiones de nuestra pareja sin siquiera saberlo.

Ya sea por pena o vergüenza, intencionalmente o no,
puede que la gente nunca comparta lo que *realmente los
excita*. Para eso es este libro. Es una herramienta que te
permite hacer preguntas y explorar los gustos, disgustos,
deseos y fantasías de tu pareja.

No importa si han estado saliendo por una semana o
si han estado casados por diez años, si eres hetero, bi, gay
lesbiana u otro, hay preguntas para todos. Los iniciadores
de conversación en este libro varían de ligeros a

explícitos. Si te sientes incómodo con alguna pregunta, continua con la siguiente. Puede que algunas de las parejas que lean este libro piensen que ya saben todo lo que hay por saber sobre su pareja. De cualquier forma, yo recomiendo que pasen por todas las preguntas. Tu pareja puede llegar a sorprenderte.

Ya sea que lean esto rodeados de velas y bebiendo una copa de vino, o durante un largo viaje en carretera, o incluso en una fiesta con otras parejas, mantengan sus oídos, corazones y mentes abiertos. Sean comprensivos. Sean honestos. Y recuerden, la discusión es clave.

¡Disfruten!

Lo Que Este Libro No Es

Este libro se creó para empujar los límites. Dicho esto, no está pensado para parejas ni individuos inseguros, ni para aquellos que puedan ser propensos a los celos.

Este libro no pretende reemplazar las discusiones terapéuticas y es únicamente para fines de entretenimiento. Si tu pareja y tú tienen problemas sexuales o relacionales, recomendamos ampliamente ir con un terapeuta marital o sexual.

No estamos recomendando ninguna de las cosas en este libro, ni alentamos ninguna acción o comportamiento que salgan del límite de confort de una persona. Además, no alentamos ni recomendamos ninguna práctica sexual insegura.

Los iniciadores de conversación en este libro no son una lista completa de cada fetiche, manía o fantasía. Estos son simples iniciadores de conversación que, con suerte, los llevará a discusiones más profundas. Así que, por favor, siéntanse libres de elaborar e improvisar en las preguntas.

1

¿Cuáles son las áreas de tu cuerpo en donde más te gusta que te besen? ¿Alguna zona erógena inusual?

2

*Además de la habitación,
¿en qué otro lugar de la
casa te gustaría tener sexo?*

3

Describe una fantasía que nunca hayas compartido con nadie.

4

Fuera del hogar, ¿cuál es un lugar en el que te gustaría tener sexo?

5

Menciona una celebridad con la que te gustaría pasar una noche de pasión. ¿Qué tiene de sexy esa persona?

6

¿Qué opinas sobre los juegos de rol o los disfraces?

Describe un escenario de juego de rol que te excitaría.

7

¿Te gusta usar juguetes en la habitación? ¿Cuáles son tus favoritos? ¿Hay alguno que no tengas que te gustaría probar?

8

¿Qué opinas de ver a tu pareja besando a otra persona? ¿Y de verlos tener sexo?

9

Describe de principio a fin tu idea de una cita erótica.

10

Menciona tres canciones que te gustaría escuchar mientras tienes sexo. ¿Por qué esas canciones?

11

Dile a tu pareja cuáles son sus atributos físicos más atractivos.

12

¿Qué es más sexy, un cuerpo sensual, una personalidad divertidísima o una mente brillante?

13

Si alguien tuviera que verte a ti y a tu pareja tener sexo, ¿quién sería?

14

Menciona dos alimentos que consideres sexys o que te gustaría usar durante el sexo.

15

¿Cuáles son algunas de las prendas de ropa más sexys que usa tu pareja? ¿Hay algo en lo que te gustaría verlo?

16

¿Hay alguna posición sexual que siempre hayas querido probar pero nunca lo has hecho?

17

¿Te gusta hablar sucio o escuchar a tu pareja hablar sucio?

Si es así, ¿qué tipo de cosas te gusta decir o escuchar?

18

¿Cuál es tu posición sexual favorita? ¿Por qué?

19

¿Alguna vez has jugado Strip Poker (u otro juego erótico del estilo)? Si es así, describe la situación. Si no, ¿lo considerarías?

20

¿Alguna vez has nadado desnudo?
Si es así, ¿fue una experiencia erótica?
Si no, ¿lo considerarías?

21

¿Considerarías hacer swinging o intercambio de parejas?

Si es así, ¿hay algunos amigos que te imaginas que se unirían a ti y a tu pareja en la habitación?

22

¿Qué opinas acerca de tener sexo "en secreto" con tu pareja mientras hay otras personas cerca?

23

Excluyendo la pornografía, ¿hay alguna película que te excite? ¿Por qué?

24

¿Qué tipo de iluminación ambiental te parece sexy?

25

Si fueras una estrella porno, ¿cómo se llamaría tu primera película y sobre qué sería?

26

¿Es excitante ver a tu pareja coquetear con otras personas?

27

¿Alguna vez has tenido sexo en un lugar público? Si no, ¿lo considerarías? ¿En dónde sería?

28

¿Alguna vez has tenido sexo en el trabajo? Si no, ¿lo harías? ¿En dónde y cómo lo harías?

29

¿Cuál es el sueño más sexy que has tenido?

30

¿Te gusta dominar o ser sumiso?

31

¿Considerarías participar
en un striptease amateur?
¿Qué canciones bailarías?

32

*Describe tu primera
experiencia sexual.
¿Hay algo que cambiarías?*

33

¿Alguna vez has fantaseado con ser forzado a ver a tu pareja complacer a alguien más?

34

¿Alguna vez has tenido una aventura de una noche?
Si es así, describe la situación.

35

¿Alguna vez te han sorprendido masturbándote? Si es así, ¿por quién? ¿Qué hiciste cuando te descubrieron?

36

¿Considerarías participar en una orgía? Si es así, ¿cuáles serían los requisitos previos?

37

¿Alguna vez irías a una playa nudista o algún resort de vestimenta opcional?

38

¿Qué partes del cuerpo femenino son las más atractivas sexualmente?

39

¿Qué partes del cuerpo masculino son las más atractivas sexualmente?

40

¿Preferirías ver a tu pareja juguetear con alguien del mismo sexo o del sexo opuesto?

41

¿Qué es lo que te excita
más durante el sexo?

42

¿Qué te gusta hacer después de tener sexo?

43

¿Qué ropa te gusta que una mujer use para la cama? ¿Qué te gusta que un hombre use?

44

¿Alguna vez te ha pasado algo vergonzoso durante el sexo?

45

¿Eres ruidoso o reservado en la cama? ¿Te gusta escuchar el placer de tu pareja?

46

¿Cuándo fue la última vez que te masturbaste? ¿En qué pensabas?

47

¿Qué entiendes por "no-monogamia" y qué opinas al respecto?

48

¿Qué manías y fetiches te llaman la atención?

49

¿Hay alguna manía o fetiche que ya hayas probado?

50

¿Qué sabes sobre el sexo tántrico? ¿Alguna vez lo has probado?

51

¿Considerarías tener sexo delante de otras personas mientras ellos observan?

52

¿Te gustaría observar a otra pareja tener sexo en la misma habitación?

53

¿Alguna vez has asistido a una clase sexual? Si no, ¿qué tipo de clase te gustaría experimentar?

54

¿Qué es lo mejor que haces en la cama? ¿Cómo te hiciste tan bueno?

55

¿Qué tipo de besos te gustan más? Excluyendo a tu pareja actual, ¿quién ha sido el mejor besador que has conocido?

56

¿Cómo te gusta coquetear, y cómo te gusta que te coqueteen?

57

¿Cómo te gusta que tu pareja inicie el sexo? ¿Cuál es tu forma favorita de iniciar?

58

¿Luces encendidas o luces apagadas? ¿Por qué?

59

¿Qué es lo más sexy "no sexual" que alguien puede hacer para excitarte?

60

¿Alguna vez te han tomado fotos sexys? ¿Alguna vez has tomado fotos sexys de alguien?

61

De todas tus parejas sexuales (excluyendo a tu pareja actual), ¿quién ha sido la mejor y por qué?

62

¿Los uniformes te parecen sexys?
Si es así, ¿de qué tipo?

63

¿Los celos pueden ser eróticos? Intenta describir por qué sí o por qué no.

64

¿Alguna vez has tenido sexo en un auto? Si no, ¿lo probarías?

65

¿Cuántas veces a la semana es ideal tener sexo?

66

¿Hay algún orgasmo que hayas tenido en tu vida que destaque particularmente?

67

¿Alguna vez los masajes son excitantes? ¿Alguna vez has tenido un masaje "inocente" que ha terminado en sexo?

68

¿Qué prefieres para el área púbica, con vello o sin vello?

69

*¿Alguna vez has probado
el sexo anal?
Si es así, ¿qué tal estuvo?
¿Tienes alguna fantasía
anal?*

70

¿El tamaño importa? ¿Por qué sí o por qué no?

71

¿Alguna vez has usado esposas o bondage? Si no, ¿te gustaría usarlo?

72

¿Qué es más erótico, tener los ojos vendados o que tu pareja tenga los ojos vendados?

73

¿Alguna vez has recibido o alguna vez has dado un lap dance?

74

¿Cuál es tu momento favorito del día para tener sexo?

75

¿De qué parte de tu cuerpo te sientes más orgulloso?

76

¿Hay algo que disfrutarías verme hacer, ya sea solo o con alguien más?

77

¿Qué te ayuda a relajarte para que puedas estar completamente presente durante el sexo?

78

Termina la oración: Me encanta cuando…

79

Si tuvieras la oportunidad de dormir con otra persona además de mí, ¿quién sería?

80

¿Quién es la persona más "inapropiada" con la que has fantaseado?

81

Si tuvieras que elegir a una persona (que ambos conozcamos) para que se acueste conmigo una vez, ¿quién sería y por qué?

82

¿Cuántas parejas sexuales has tenido? ¿El sexo oral cuenta?

83

¿Alguna vez has tenido sexo con un desconocido? Si no, ¿cuánto dinero se necesitaría para tener sexo con un extraño atractivo? ¿Y con un extraño "promedio"?

84

¿Alguna vez has fingido un orgasmo?
Si es así, ¿por qué?
Da una demostración de fingir un orgasmo.

85

¿Cuál es la menor cantidad de tiempo que has conocido a alguien antes de acostarte con ellos?

86

¿Cuál es la menor cantidad de tiempo que ha pasado entre tener sexo con dos parejas diferentes?

87

¿Puedes recordar algún encuentro sexual que haya durado más de lo normal? Describe el encuentro.

88

¿Alguna vez te has sentido atraído por la madre o el padre de un amigo? Si es así, descríbelos.

89

¿Alguna vez has pensado en alguien que no es tu pareja durante el sexo?

90

¿Qué opinas sobre la pornografía? Si estuvieras viendo un vídeo porno, describe una escena que te excitaría.

91

¿Alguna vez has tenido sexo telefónico? Si no, ¿lo harías? ¿Qué tipo de cosas dirías?

92

¿Qué opinas sobre el sexting? ¿Qué es lo más sexy que le puedes enviar a alguien?

93

¿Cuál es el lugar más extraño en el que te has masturbado? ¿Hay algún lugar en el que te gustaría intentarlo?

94

¿Qué sabes sobre el libro del Kama Sutra? ¿Alguna vez has probado algo del libro?

95

¿Alguna vez has fantaseado con alguno de tus maestros? Si es así, descríbelos. Si la oportunidad se hubiera presentado, ¿te habrías acostado con ellos?

96

¿Qué opinas sobre los "pases de pasillo"? (Permiso temporal para acostarse con alguien más.)

97

¿Qué lleva a sexo más caliente, el romance o la energía erótica?

98

¿Alguna vez has tenido un trío?

Si no, ¿lo considerarías?

¿Preferirías que la tercer persona fuera hombre o mujer?

99

Si aplica, ¿en dónde te gusta eyacular? ¿O en dónde te gusta recibir la eyaculación de tu pareja?

100

¿Hay algo que consideres completamente "fuera de los límites"? ¿Por qué? ¿Habría forma de hacerte cambiar de opinión?

101

¿Prefieres el sexo suave o rudo?

102

¿Alguna vez te has masturbado en secreto con otras personas alrededor?

103

*¿Te gusta tirar del cabello
o que tiren de tu cabello
durante el sexo?*

104

¿Te gusta dar o recibir nalgadas?

105

¿Qué opinas sobre el BDSM?

¿Hay algo que estarías dispuesto a probar si es que aún no lo has hecho?

106

¿El juego previo está subestimado o sobrevalorado? Describe tu idea de un buen juego previo.

107

*¿Qué cosa debes saber
hacer muy bien para
excitarme?*

Enciende todavía más tu vida amorosa y explora todos los libros para parejas de J.R. James:

Libros de juegos sexis para parejas

¿Verdad o reto? Un juego sexi de elecciones traviesas (Edición caliente y salvaje).

Libros - Charlas atrevidas para parejas

Hablemos sexy: Iniciadores de conversación esenciales para explorar los deseos secretos de tu amante y transformar tu vida sexual.

Los **TRES** libros de preguntas sexis de *Hablemos de...* en un volumen enorme por un precio reducido. ¡Ahorra ya!

Hablemos de fantasías sexuales y deseos: Preguntas e iniciadores de conversación para parejas que explorar sus intereses sexuales.

Hablemos de la no-monogamia: Preguntas e iniciadores de conversación para parejas que exploran las relaciones abiertas, el intercambio de parejas o el poliamor.

Hablemos de fetiches y manías sexuales: preguntas e iniciadores de conversación para parejas que exploran su lado perverso y salvaje.

¡Cambia tu vida sexual para siempre a través del poder de la diversión sexi con tu cónyuge, pareja o amante!

Vacaciones sexis para parejas
https://geni.us/Passion

SOBRE EL AUTOR

J.R. James sabe que las conversaciones sexys con tu pareja son una experiencia de vinculación mágica. Sus libros de preguntas *best-sellers* incitan a las parejas a tener discusiones sexuales honestas y abiertas. El resultado es una relación cargada de erotismo y sexualmente liberadora.

www.ingramcontent.com/pod-product-compliance
Lightning Source LLC
Chambersburg PA
CBHW071234020426
42333CB00015B/1474